Agrippīna aurīga

a Latin Novella
by Lance Piantaggini

Poētulus Publishing
magisterp.com

Index Capitulōrum
(et Cētera)

Praefātiō

Fall 2020 was...interesting...to say the least. With an adjusted COVID-19 remote learning schedule in a virtual classroom environment, it became clear that we weren't reading novellas as quickly as we had been the past few years in Latin I. The most enjoyable classes during that time were those reading the couple of action/adventure early beginner (Level AA) books that had accompanying audiobooks, keeping the pace moving along, and providing students with a novel novella experience all within the limited world of Zoom. Therefore, to join the creepy content of *Quīntus et nox horrifica*, and sword-slinging saga of *Rūfus et arma ātra*, this equine escapade is exactly what I was looking for as another exciting intro to the ancient Roman world.

For years, I had been naming my four class sections of first year Latin after the chariot racing factions: *Albāta*, *Russāta*, *Prasina*, and *Veneta.* Not only did this help color-code resources for quick identification, but different class cultures emerged, too. The class names acted almost like mascots, and our Latin program had devout fans routing for their own...team...as it were. So, it only made sense that one of the first books about ancient Romans these students read should include the more familiar faction names. Could the competitive narrative also traverse the page, with classes actually cheering during the races in the book each year? We'll see.

In *De Spectaculis* (1.9.5), Tertullian wrote that in later times, the racing team factions were dedicated to deities, also representing elements. I found this serendipitous coming off the heels of completing the *sīgna zōdiaca* series, what with each sign's association with an element. Apart from naming Mars and Zephyrs, Tertullian used the Latin words for the deification of "mother earth," "sky," "sea," and "autumn." I've chosen to standardize this as The Greens honoring Gaia, and The Blues honoring Neptune, that both join The Whites honoring Zephyrs, and The Reds honoring Mars.

This is a tale written with 24 cognates and 33 other Latin words (*excluding different forms of the same word, names, and meaning established within the text*), and over 1800 total words in length. The Pisoverse novellas now provide over 66,500 total words for the beginning Latin student to read! That's with a vocabulary of under 830 unique words.

For this book, I'd like to thank my local barista, Ben, for the suggestion. Chloe Deeley's illustrations are once again a fantastic addition to the narrative. *See more of Chloe's artwork on Instagram @hatchbuddy.*

Magister P[iantaggini]
Northampton, MA
February 14th, 2021

I
puella parva

Agrippīna est puella.
Agrippīna puella parva est.

Agrippīna nōn Rōmāna,
sed Hispānica est.

Agrippīna est puella parva Hispānica.

familia Agrippīnae habet casam parvam. casa familiae est in Ēmeritā, Lūsitāniā.

nunc, Agrippīna est in casā.
sed, Agrippīna in casā nōn vult esse.
Agrippīna vult currere ad stadium.

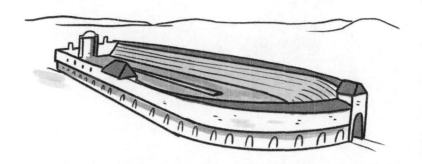

in stadiō, sunt lūdī. Agrippīnae placet
spectāre lūdōs. in stadiō, quoque sunt
multī spectātōrēs. Agrippīnae placet
spectāre spectātōrēs.

in stadiō, spectātōrēs exclāmant et
applaudunt. Agrippīnae quoque placet
exclāmāre et applaudere!

in stadiō, Agrippīnae placet spectāre et[1] spectātōrēs et lūdōs. in stadiō, quoque sunt aurīgae. Agrippīnae placent—nōn—VALDĒ placent aurīgae!

aurīga

Agrippīna parva puella est.
sed, Agrippīna sēcrētum habet.
Agrippīna vult esse aurīga.

---

[1] **et spectātōrēs et lūdōs** *both spectators and the games*

II
equī Hispānicī

Agrippīna vult aurīgārī.[2]
sed, Agrippīna est puella parva.
puellae parvae nōn aurīgantur!
Agrippīna in casā nunc est.
Agrippīna nōn aurīgātur.

sed, Agrippīna equitat.[3]

familia Agrippīnae equōs habet. equī familiae sunt equī Hispānicī. equī Hispānicī in Lūsitāniā sunt equī optimī et rapidī!

---

[2] **aurīgārī** *to race chariots*
[3] **equitat** *rides horses*

Agrippīna equitat.
sed, Agrippīna puella parva est.
Agrippīna equitat equīs parvīs.[4]

familia Agrippīnae equōs multōs parvōs habet. laeta, Agrippīna equitat equīs parvīs.

Agrippīna in casā est. sed hodiē, Agrippīna vult currere ad stadium. hodiē, Agrippīna vult lūdōs spectāre.

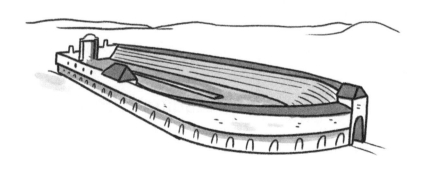

---

[4] **equitat equīs parvīs** *rides small horses*

hodiē, sunt lūdī optimī in stadiō. hodiē, aurīga fāmōsus aurīgābitur in Ēmeritā. aurīga fāmōsus est optimus aurīga in Lūsitāniā. Agrippīna vult spectāre aurīgam fāmōsum.

nunc, Agrippīna ad stadium currit.

III
factiōnēs

in stadiō, multī spectātōrēs sunt.
spectātōrēs tunicās habent.
tunicae sunt colōribus quattuor (IV).
colōrēs sunt albus,[1] ruber, viridis,
et caeruleus.

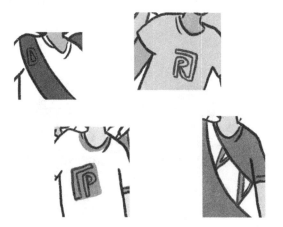

colōrēs repraesentant factiōnēs
quattuor.

---

[1] **albus, ruber, viridis, caeruleus** *white, red, green, blue*

Agrippīna spectat factiōnēs omnēs...

est factiō Albāta.
factiōnī Albātae color albus placet.

est factiō Russāta.
factiōnī Russātae color ruber placet.

est factiō Prasina.
factiōnī Prasinae color viridis placet.

quoque est factiō Veneta.
factiōnī Venetae color caeruleus placet.

aurīgae repraesentant factiōnem.
aurīgae prō[2] factiōne aurīgantur, et
factiōnēs prō aurīgīs applaudunt.
spectātōrēs putant factiōnem esse[3]
optimam.

---

[2] **prō factiōne** *in favor of the team*
[3] **putant factiōnem esse** *think their team is*

sed, rīvālēs sunt. factiōnī Russātae nōn placet Albāta. et factiōnī Prasinae nōn placet Veneta.

factiōnēs Russāta et Albāta sunt rīvālēs. factiōnēs Veneta et Prasina rīvālēs quoque sunt.

sed, Agrippīna prō factiōne nōn applaudit. Agrippīnae omnēs factiōnēs placent. Agrippīna habet tunicās colōribus quattuor omnibus. et Agrippīna prō aurīgīs omnibus applaudit.

subitō, aurīga fāmōsus, Gāius Appulēius Dioclēs, in stadium currit!

Gāius Appulēius Dioclēs habet tunicam albō colōre. Gāius Appulēius Dioclēs repraesentat factiōnem Albātam.

spectātōrēs omnēs Albātae valdē exclāmant. spectātōrēs putant factiōnem Albātam esse[4] optimam. spectātōrēs Albātae volunt Gāium Appulēium esse victōrem. sed, spectātōrēs Russātae nōn applaudunt. Rūssāta factiō rīvālis est.

aurīga fāmōsus aurīgābitur.
Agrippīna nunc laeta est.

---

[4] **putant factiōnem Albātam esse** *think Team White is*

IV
lūdus

spectātōrēs omnēs carcerem[1] spectant. in carcere, sunt aurīgae quattuor, factiōnēs repraesentantēs colōribus. colōrēs quoque repraesentant deōs. aurīgae omnēs dēdicant colōrēs deīs.

---

[1] **carcerem spectant** *watch the starting gates*

factiō Albāta repraesentat Zephyrōs.[2]
nunc, aurīga Albātus dēdicat
colōrem album Zephyrīs.

factiō Russāta repraesentat Mārtem.[3]
nunc, aurīga Russātus dēdicat
colōrem rubrum Mārtī.

factiō Prasina repraesentat Gāiam.[4]
nunc, aurīga Prasinus dēdicat
colōrem viridem Gāiae.

factiō Veneta repraesentat Neptūnum.[5]
nunc, aurīga Venetus dēdicat
colōrem caeruleum Neptūnō.

---

[2] **Zephyrōs** *Zephyrs (i.e. Four Winds), signifying air*
[3] **Mārtem** *Mars, signifying fire*
[4] **Gāiam** *Gaia (i.e. Mother Earth), signifying earth*
[5] **Neptūnum** *Neptune, signifying water*

subitō, dominī[6] exclāmant!

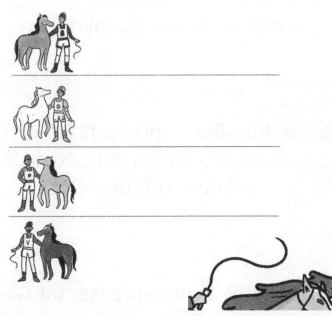

dominī exclāmant, et aurīgae in quadrīgīs equōs verberant.[7] spectātōrēs omnēs valdē exclāmant et applaudunt. equī rapidē currunt.

sed, equī in quadrīgīs Russātā et Prasinā rapidius currunt. factiōnēs Russāta et Prasina valdē applaudunt.

---

[6] **dominī** *charioteer managers*
[7] **equōs verberant** *whip horses (i.e. to quickly gallop)*

Gāius Appulēius secundus[8] est. factiō Albāta prō Gāiō Appulēiō applaudit. sed, factiō Veneta quadrīgam Venetam ānxiē spectat. aurīga Venetus ultimus est.

---

[8] **secundus** *second, next, following*

aurīgae Russātus et Prasinus nunc ānxiē spectant mētam.[9]

aurīga Russātus lōra tendit,[10] et optimē aurīgātur. aurīga Prasinus lōra tendit, et quoque optimē aurīgātur.

subitō, aurīga Prasinus equōs valdē verberat, et equī rapidius currunt!

---

[9] **spectant mētam** *they watch the "meta" (i.e. a post at the end of the race track signaling the turn)*

[10] **lōra tendit** *draws the reins (i.e. slows down the horses)*

nunc, aurīga Russātus secundus est. factiō Prasina valdē applaudit.

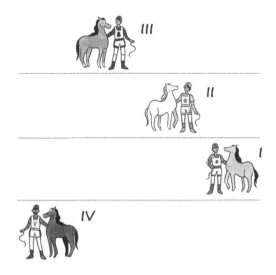

Gāius Appulēius et aurīga Venetus nunc spectant mētam...

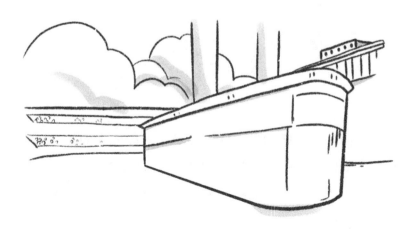

V
distractus applaudendō

spectāns mētam, Gāius Appulēius lōra tendit, et optimē aurīgātur.

aurīga Venetus quoque lōra tendit, sed nōn optimē aurīgātur. aurīga Venetus ultimus est. spectātōrēs Venetae laetī nōn sunt.

nunc, omnēs spectātōrēs applaudunt prō aurīgā repraesentantī factiōnem colōre. spectātōrēs quoque exclāmant deōs.[1]

factiō Veneta:
"Neptūne! equī colōre caeruleō rapidē currant!"[2]

factiō Prasina:
"Gāia! equī colōre viridī rapidius currant!"

---

[1] **exclāmant deōs** *they call upon the gods*
[2] **rapidē currant** *may they run swiftly!*

factiō Russāta:
"Mārs! equī colōre rubrō rapidissimē currant!"

factiō Albāta:
"Zephyrī! equī colōre albō optimē currant!"

sed, aurīga Prasinus distractus est applaudendō.[3] cōnfūsus, aurīga Prasinus mētam secundam nōn spectat. aurīga Prasinus nōn lōra tendit—terribile! aurīga Prasinus lōra dat![4]

subitō, aurīga Prasinus ējectus est ē quadrīgā!

---

[3] **distractus est applaudendō** *distracted by the clapping*
[4] **lōra dat** *gives the reins (i.e. speeds up the horses)*

omnēs spectātōrēs in stadiō attonitī sunt. spectātōrēs omnēs ānxiī sunt. factiō Prasina putat lūdum aurīgae ējectō[5] esse lūdum ultimum![6] terribile est. factiō Prasina ānxiē spectat quadrīgam, et equōs, et aurīgam ējectum.

subitō, factiō Prasina applaudit!

---

[5] **aurīgae ējectō** *for the ejected charioteer*
[6] **lūdum ultimum** *the final game (i.e. as if he died)*

equī quattuor currunt ē stadiō, et factiō Prasina spectat aurīgam Prasinum. nōn erat lūdus ultimus! sed, aurīga Prasinus victor nōn erit. aurīga Prasinus ē stadiō currit, et equōs quaerit.

nunc, Gāius Appulēius, factiōnem Albātam repraesentāns, secundus est.

subitō, Gāius Appulēius equōs valdē verberat, et equī rapidius currunt!

factiō Russāta ānxiē exclāmat, et factiō Albāta valdē applaudit.

ultimō, Gāius Appulēius victor est. omnēs spectātōrēs Albātae laetē exclāmant, et prō victōre valdē applaudunt.

VI
fūr!

Gāius Appulēius et aurīgae omnēs ē stadiō currunt. sed, Gāius Appulēius nōn est laetus. Gāius Appulēius tristis est. Gāius Appulēius distractus est.

Agrippīna:
"Gāi Appulēī, es victor!
es aurīga optimus!
sed...nōn es laetus!?"

Gāius Appulēius, triste:
"victor sum. sed, quoque sum tristis et distractus."

"equus meus, Pompēiānus,
in stadiō erat.
sed nunc, Pompēiānus
in stadiō nōn est! erat fūr!
fūr habet equum meum!
fūr Pompēiānum habet!"

Agrippīna:
"erat fūr?!
sed...habēbās equōs quattuor..."

Gāius Appulēius:
"equī meī sunt...familia.
meus Pompēiānulus...
Pompēiānulus pulcher et rapidus—
nōn—rapiDISSIMUS erat!
sine[1] equō meō pulchrō,
nōn erō victor.
sine Pompēiānulō pulchrō,
nōn aurīgābor."

---

[1] **sine** *without*

Gāius Appulēius nōn tristis, sed tristissimus est! Gāius Appulēius habēbat equum pulchrum. equus erat familia Gāiō Appulēiō.

subitō, dominus Gāi Appulēī ē stadiō currit, victōrī congrātulāns!

VII
victōrī congrātulāns

dominus:
"Gāi, victor es!
es aurīga fāmōsus et optimus.
sum dominus fāmōsus et
optimus quoque!
sed...laetus nōn es?!"

Gāius Appulēius, tristissimē:
"domine, pulcher
Pompēiānulus
in stadiō erat, sed in stadiō
nunc nōn est! erat fūr!
sine Pompēiānulō, nōn erō victor.
sine Pompēiānulō, nōn sum aurīga."

dominus, cōnfūsus et attonitus:
"Gāi...terribile est!!!!
hodiē est lūdus secundus!!!!
nōn vīs aurīgārī hodiē
in lūdō secundō?!"

Gāius Appulēius, tristissimē:
"sine Pompēiānulō pulchrō,
nōn aurīgābor."

Agrippīna nunc spectat dominum et
Gāium Appulēium. nōn sunt laetī, sed
tristissimī. est terribile!

dominus:
"aurīgae, quaerite fūrem!
quaerite equum Gāi!"

omnēs fūrem et Pompēiānum quaerunt. Agrippīna vult Gāium Appulēium esse laetum. Agrippīna vult Gāium Appulēium esse victōrem. Agrippīna vult Gāium Appulēium habēre equum Pompēiānum!

subitō, Agrippīna laeta est!

Agrippīna vult aurīgārī. familia Agrippīnae equōs parvōs habet. equīs parvīs, Agrippīna aurīgābitur prō[1] Gāiō Appulēiō.

---

[1] **prō Gāiō** *in place of Gaius*

Agrippīna — puella parva — sēcrētē ad casam currit...

* * *

equī Hispānicī familiae Agrippīnae sunt optimī et rapidissimī. equī familiae Agrippīnae quoque sunt parvī.

Agrippīna vult aurīgārī quadrīgam Gāi Appulēī equīs parvīs. in casā, Agrippīna quaerit equōs quattuor parvōs.

nunc, Agrippīna equōs quattuor parvōs habet. Agrippīna ad stadium currit. Agrippīna nunc aurīgābitur prō Gāiō Appulēiō...

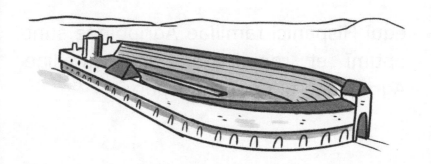

VIII
lūdus secundus

sēcrētē, Agrippīna ad carcerem currit.

in carcere, Agrippīna quaerit tunicam albam. color albus repraesentat factiōnem Albātam. Agrippīna nunc aurīgābitur prō Gāiō Appulēiō, et Gāius Appulēius factiōnem Albātam repraesentat.

tunicā albā,[1] omnēs spectātōrēs putābunt Agrippīnam esse aurīgam fāmōsum, Gāium Appulēium.

spectātōrēs omnēs carcerem spectant. in carcere sunt aurīgae, sed nōn aurīga Prasinus. aurīga Prasinus ējectus erat ē quadrīgā. aurīga Prasinus in lūdō secundō nōn est. factiō Prasina laeta nōn est. sed, factiō Prasina nunc prō aurīgīs Albātō et Russātō applaudit. Veneta est factiō rīvālis.

in carcere sunt Agrippīna et aurīgae Russātus et Venetus. aurīgae dēdicant colōrēs deīs.

---

[1] **tunicā albā** *with a white tunic*

aurīga Russātus dēdicat colōrem rubrum Mārtī. aurīga Venetus dēdicat colōrem caeruleum Neptūnō. et nunc, Agrippīna dēdicat colōrem album Zephyrīs.

subitō, dominī exclāmant,
et aurīgae equōs verberant!

Agrippīna equōs verberāre nōn vult. Agrippīnae nōn placet equōs verberāre. Agrippīna equōs parvōs Hispānicōs nōn verberat. equī parvī Hispānicī currunt rapidē, sed nōn rapidissimē currunt.

spectātor:
"Gāius Appulēius
nōn verberat equōs?!"

spectātor secundus:
"et suntne equī...parvī?!"

equī Agrippīnae nunc rapidē currunt. sed, equī in quadrīgīs Russātā et Venetā rapidius currunt. factiō Russāta applaudit.

factiō Veneta valdē et laetē applaudit. aurīga Venetus erat ultimus. sed, nunc, aurīga Venetus secundus est. rīvālis factiō Prasina nōn applaudit.

triste, Agrippīna est ultima...

IX
ultimus?!

factiō Albāta prō aurīgā colōre albō applaudit. Agrippīna habet tunicam albam. factiō Albāta putat Agrippīnam esse Gāium Appulēium. sed, Agrippīna ultima est.

spectātor:
"Gāius Appulēius aurīga ultimus est?! estne Gāius Appulēius distractus, hodiē?!"

spectātor secundus:
"et...estne Gāius Appulēius...parvus?!"

aurīgae omnēs nunc ānxiē spectant mētam.[1] sed, aurīgae omnēs lōra tendunt,[2] et optimē aurīgantur.

spectātōrēs omnēs valdē applaudunt. spectātōrēs quoque deōs et colōrēs exclāmant.

---

[1] **spectant mētam** *they watch the "meta" (i.e. a post at the end of the race track signaling the turn)*

[2] **lōra tendunt** *they draw the reins (i.e. slow down the horses)*

factiō Albāta:
"Zephyrī, Zephyrī! curre, album!"

factiō Russāta:
"Mārs, Mārs! curre, rubrum!"

factiō Veneta:
"Neptūne, Neptūne! curre, caeruleum!"

spectātōrēs Prasinae quoque deōs et colōrēs exclāmant. sed, nōn exclāmant deum et colōrem rīvālis factiōnis Venetae.

factiō Prasina:
"Mārs, et Zephyrī!
currite, album et rubrum!"

sed, aurīgae Russātus et Venetus sunt cōnfūsī et distractī applaudendō.

Agrippīna optimē aurīgātur. Agrippīna, tunicā albā, nunc secunda est. Agrippīna nōn vult equōs parvōs Hispānicōs verberāre. sed, Agrippīna est secunda, et nōn erit victor sine equōs verberandō.[3]

---

[3] **sine equōs verberandō** *without whipping the horses*

subitō, Agrippīna equōs parvōs Hispānicōs valdē verberat, et equī parvī Hispānicī rapidissimē currunt!

factiōnēs Russāta et Veneta ānxiē exclāmant, et factiō Albāta valdē applaudit.

aurīgā Venetō ultimō,[4] rīvālis factiō Prasina quoque valdē applaudit prō aurīgā albō colōre, Agrippīnā.

omnēs spectātōrēs in stadiō nunc valdē exclāmant et applaudunt prō aurīgīs.

subitō, Agrippīna est...

[4] **aurīgā Venetō ultimō** *with Team Blue charioteer in last*

...victor!

omnēs Albātae spectātōrēs applaudunt et applaudunt et applaudunt. Agrippīna laetissima est.

Agrippīna:
"sum...victor?!"

sed, Agrippīna prō Gāiō sēcrētē aurīgāta est. Agrippīna nunc aurīgātur quadrīgam ad carcerem, rapidē...

X
sēcrēta

spectātōrēs multī ad carcerem currunt. spectātōrēs volunt congrātulārī Gāiō Appulēiō. sed, Agrippīna prō Gāiō sēcrētē aurīgāta est. Gāius Appulēius in carcere nōn est. Agrippīna sēcrētē currit ad Gāium Appulēium, ē stadiō.

subitō, aurīgae omnēs ad Agrippīnam et Gāium Appulēium currunt! aurīgae fūrem et equum Pompēiānum habent!

aurīgae:
"Gāi, fūr est aurīga colōre viridī!"

Gāius Appulēius est attonitus, aurīgam et tunicam viridem spectāns. aurīga terribiliter repraesentāvit factiōnem Prasinam. factiō Prasina laeta nōn erit. Gāius Appulēius putat hodiē[1] lūdum esse lūdum ultimum aurīgae fūrī!

---

[1] **putat hodiē lūdum esse** *thinks that the game today is*

Gāius Appulēius aurīgam colōre viridī verberāre vult! sed nunc, Gāius Appulēius equum Pompēiānum spectat. Pompēiānus nōn vellet[2] Gāium Appulēium verberāre aurīgam! aurīgae dant equum Pompēiānum Gāiō Appulēiō.

Gāius Appulēius:
"equus meus? !
pulcher Pompēiānule!
laetissimus sum!"

subitō, dominus Gāi Appulēī ē stadiō currit! dominus quaerit Gāium Appulēium ad congrātulandum.

---

[2] **nōn vellet** *wouldn't want*

dominus, Gāiō congrātulāns:
"Gāi, victor es!"

Gāius Appulēius, attonitus:
"victor?! nōn sum victor.
nōn aurīgātus sum.
fūr equum Pompēiānulum
meum habuit. nōn aurīgātus sum
in lūdō secundō."

dominus, cōnfūsus, aurīgās omnēs et
fūrem spectat.

dominus:
"nōn aurīgātus es?!
sed, victor habuit tunicam colōre albō,
et optimē aurīgātus est!"

subitō, Agrippīna ad dominum currit!

Agrippīna:
"sum victor."

omnēs attonitī sunt. omnēs putāvērunt Gāium Appulēium factiōnem Albātam repraesentāre. sed, Agrippīna, puella parva, factiōnem Albātam repraesentāvit, et optimē aurīgāta est.

Gāius Appulēius, attonitus:
"parva puella…"

dominus, attonitus:
"…aurīgāta est?!"

Agrippīna:
"aurīgāta sum equīs parvīs.
familia mea habet equōs optimōs
Hispānicōs. et tunica mea alba erat.
tunicā albā, omnēs spectātōrēs putant
Gāium Appulēium victōrem esse!"

cōnfūsī, omnēs applaudunt,
Agrippīnae congrātulantēs.
laetus, dominus spectat Agrippīnam.

dominus:
"parva puella, familia habet equōs
optimōs Hispānicōs?
volō aurīgās meās
habēre equōs optimōs.
dābitne familia equōs aurīgīs meīs?"

Agrippīna, exclāmāns:
"familia mea dābit equōs
aurīgīs omnibus!"

dominus, laetus:
"et optimē aurīgāta es!
vīsne esse meus aurīga?"

Agrippīna voluit esse aurīga. sed, Agrippīna aurīgāta est, et nunc victor est! Agrippīna nunc nōn vult esse aurīga dominī.

Agrippīna sēcrētum secundum habet...

Index Verbōrum

A

ad *towards, to*
Agrippīna *Agrippina, our young girl*
  Agrippīnā *Agrippina*
    prō Agrippīnā *in favor of Agrippina*
  Agrippīnae *Agrippina*
    familia Agrippīnae *Agrippina's family*
    Agrippīnae placent/placet *Agrippina likes*
    equī familiae Agrippīnae *the horses of Agrippina's family*
    Agrippīnae congrātulantēs *congratulating Agrippina*
  Agrippīnam *Agrippina*
    putāre Agrippīnam esse *to think that Agrippina is*
    ad Agrippīnam *towards Agrippina*
    spectat Agrippīnam *looks at Agrippina*
alba *white*
  albā *white*
    tunicā albā *with a white tunic*
  albam *white*
    quaerit tunicam albam *searches for a white tunic*
    habet tunicam albam *has a white tunic*
  albō *white*
    albō colōre *of white color*
    equī albō *horses in white*
  album *white*
    dēdicat album Zephyrīs *dedicates white to the Zephyrs*
    curre, album! *Run, white!*
  albus *white*
Albāta *Team White, The Whites*
  Albātae *Team White*
    factiōnī Albātae placet *Team White likes*
    spectātōrēs Albātae *Team White fans*
  Albātam *Team White*
    repraesentāre factiōnem Albātam *to represent Team White*
ānxiē *anxiously*
  ānxiī *anxious*
applaudendō *applauding, clapping*
    distractus est applaudendō *distracted by the clapping*
  applaudere *to clap*
    placet exclāmāre et applaudere *like to yell and clap*
  applaudit *claps*
    applaudit prō *claps in favor of, on the side of*
  applaudunt *they clap*

applaudunt prō *they clap in favor of, on the side of*
attonitī *astonished, surprised*
  attonitus *astonished*
aurīga *charioteer (i.e. a chariot racer)*
  aurīgā *charioteer*
    prō aurīgā *in favor of the charioteer, for the charioteer*
    aurīgā Venetō ultimō *with Team Blue charioteer in last*
  aurīgae *charioteers, for the charioteer*
    aurīgae ējectō *for the ejected charioteer*
    aurīgae omnēs *all charioteers*
    lūdum ultimum aurīgae *final game for the charioteer*
  aurīgam *charioteer*
    spectāre aurīgam *to watch a charioteer*
    esse aurīgam fāmōsum *being a famous charioteer*
    aurīgam verberāre *to whip a charioteer*
  aurīgās *charioteers*
    aurīgās et fūrem spectat *looks at the charioteers and thief*
    volō aurīgās meās habēre *I want my charioteers to have*
  aurīgīs *charioteers*
    prō aurīgīs *in favor of the charioteers, for the charioteers*
    aurīgīs meīs *to my charioteers*
    aurīgīs omnibus *to all charioteers*
aurīgābitur *will race a chariot*
  aurīgābor *I will race the chariot*
  aurīgantur *they race chariots*
  aurīgārī *to race a chariot*
  aurīgāta est *raced a chariot*
  aurīgāta sum *I raced a chariot*
  aurīgātur *races a chariot*
  aurīgātus es *you raced a chariot*
  aurīgātus est *raced a chariot*
  aurīgātus sum *I raced a chariot*

C

caeruleō *blue*
    equī caeruleō *horses in blue*
  caeruleum *blue*
    dēdicat caeruleum Neptūnō *dedicates blue to Neptune*
    curre, caeruleum! *Run, blue!*
  caeruleus *blue*
carcere *starting gates (n.b. this word can also mean "prison")*
    in carcere *in the starting gate area*
  carcerem *starting gates*
    carcerem spectant *they watch the starting gates*

ad carcerem *to the starting gates*
casa *farmhouse, cottage, hut*
  casā *farmhouse*
    in casā *in the farmhouse*
  casam *farmhouse*
    habet casam parvam *has a small farmhouse*
    ad casam *to the farmhouse*
color *color*
  colōre *color*
    albō colōre *of white color*
    repraesentantī colōre *representing wth a color*
    colōre viridī *of green color*
  colōrem *color*
    dēdicat colōrem *dedicates the color*
    nōn exclāmant colōrem *they don't yell out the color*
  colōrēs *colors*
    dēdicant colōrēs deīs *they dedicate colors to gods*
    colōrēs exclāmant *they yell out colors*
  colōribus *colors*
    tunicae colōribus quattuor *tunics in four colors*
    colōribus quattuor omnibus *of all four colors*
    repraesentantēs colōribus *representing with colors*
cōnfūsī *confused*
  cōnfūsus *confused*
congrātulandum *congratulating*
    ad congrātulandum *to congratulate*
  congrātulāns *congratulating*
    Gāiō congrātulāns *congratulating Gaius*
    victōrī congrātulāns *congratulating the winner*
  congrātulantēs *congratulating*
    Agrippīnae congrātulantēs *congratulating Agrippina*
  congrātulārī *to congratulate*
    volunt congrātulārī Gāiō *they want to congratulate Gaius*
currant! *may they run!*
    rapidē currant! *May they run swiftly!*
    rapidius currant! *May they run faster!*
    rapidissimē currant! *May they run the fastest!*
    optimē currant! *May they run the best!*
  curre! *Run!*
    curre, album! *Run, white!*
    curre, rubrum! *Run, red!*
    curre, caeruleum! *Run, blue!*
  currere *to run*
    currere ad *to run to*
  currit *runs*
    currit ad *runs to*
    currit in *runs into*

currit ē *runs out of*
currite! *Run!*
  currite, album et rubrum! *Run, white and red!*
currunt *they run*
  currunt ē *they run out of*
  currunt ad *they run to*

D, E

dābitne? *Will give?*
  dābitne familia equōs? *Will the family give horses?*
dant *they give*
  dant equum Gāiō *they give the horse to Gaius*
dat *gives*
  lōra dat *gives the reins (i.e. speeds up the horses)*
dēdicant *they dedicate*
  dēdicant colōrēs deīs *they dedicate colors to gods*
dēdicat *dedicates*
  dēdicat colōrem *dedicates the color*
deīs *gods*
  dēdicant colōrēs deīs *they dedicate colors to gods*
deōs *gods*
  repraesentant deōs *they represent gods*
  exclāmant deōs *they call upon the gods*
deum *a god*
  deum rīvālis factiōnis Venetae *god of the rival faction Blues*
distractī *distracted*
distractus *distracted*
domine *charioteer manager*
  "domine," "Manager..." *(i.e. talking to the manager)*
dominī *charioteer managers, of the manager*
  aurīga dominī *the manager's charioteer*
dominum *charioteer manager*
  spectat dominum *watches the manager*
  ad dominum *to the manager*
dominus *charioteer manager*
ē/ex *out of, from*
ējectō (ēiectō) *ejected, thrown*
  aurīgae ējectō *for the ejected charioteer*
ējectum (ēiectum) *thrown*
  spectat aurīgam ējectum *watches the thrown charioteer*
ējectus (ēiectus) *thrown*
  ējectus ē quadrīgā *thrown from the four-horse chariot*
Ēmeritā *Mérida, Spain*
  in Ēmeritā *in Emerita*

equī *horses*
  equīs *horses*
     equitat equīs parvīs *rides small horses*
     equīs parvīs *with small horses*
  equō *horse*
     sine equō meō pulchrō *without my handsome horse*
  equōs *horses*
     equōs habēre *to have horses*
     equōs verberāre *to whip horses*
     spectat equōs *watches the horses*
     equōs quaerit *searches for the horses*
     dābitne familia equōs? *Will the family give horses?*
  equum *horse*
     habēre equum *to have a horse*
     quaerite equum Gāi! *Search for Gaius' horse!*
     equum Pompēiānum spectat *gazes at Pompeianus the horse*
     dant equum Gāiō *they give the horse to Gaius*
  equus *horse*
equitat *rides horses*
erat *was*
  erit *will be*
  erō *I will be*
  es *you are*
  esse *to be*
     nōn vult esse *doesn't want to be*
     vult esse *wants to be*
     putant esse *they think that it's*
  est *is, there is*
  estne? *Is?*
et *and*
     et...et... *both...and...*
exclāmant *they exclaim (i.e. yell), call upon*
     exclāmant deōs *they call upon the gods*
     colōrēs exclāmant *they yell out colors*
  exclāmāre *to yell*
     placet exclāmāre et applaudere *like to yell and clap*
  exclāmat *yells*

F

factiō *faction, racing team*
  factiōne *racing team*
     prō factiōne *on the side of the team, for the team*
  factiōnem *racing team*
     factiōnem repraesentāre *to represent the team*

putant factiōnem esse *they think their team is*
prō repraesentantī factiōnem *for the one representing the team*
factiōnēs *racing teams*
repraesentāre factiōnēs *to represent the teams*
spectat factiōnēs *watches the teams*
factiōnī *racing team*
factiōnī placet *the racing team likes*
factiōnis *of the racing team*
deum rīvālis factiōnis Venetae *god of the rival faction Blues*
familia *family*
familiae *of the family*
casa familiae *the family's house*
equī familiae Agrippīnae *the horses of Agrippina's family*
fāmōsum *famous*
spectāre aurīgam fāmōsum *to watch the famous charioteer*
esse aurīgam fāmōsum *being a famous charioteer*
fāmōsus *famous*
fūr *thief*
fūrem *thief*
quaerere fūrem *to search for the thief*
fūrem habent *they have the thief*
aurīgās et fūrem spectat *looks at the charioteers and thief*
fūrī *thief*
lūdum ultimum fūrī *final game for the thief*

G

Gāia *Gaia (i.e. Mother Earth), signifying earth*
"Gāia!" *"Gaia...!" (i.e. calling upon Gaia)*
Gāiae *to Gaia*
dēdicat viridem Gāiae *dedicates green to Gaia*
Gāiam *Gaia*
repraesentat Gāiam *represents Gaia*
Gāius Appulēius Dioclēs *charioteer from Lusitania, still considered the highest-paid athlete of all time*
Gāi Appulēī *Gaius Appuleius*
"Gāi Appulēī," *"Gaius Appuleius..." (i.e. talking to Gaius)*
dominus Gāi Appulēī *manager of Gaius Appuleius*
quaerite equum Gāi! *Search for Gaius' horse!*
aurīgārī quadrīam Gāi Appiulēī *to race Gaius' chariot*
Gāiō Appulēiō *Gaius Appuleius*
prō Gāiō Appulēiō *in favor of Gaius, in place of Gaius*
familia Gāiō Appulēiō *family to Gaius Appuleius*
volunt congrātulārī Gāiō *they want to congratulate Gaius*
dant equum Gāiō *they give the horse to Gaius*

Gāiō congrātulāns *congratulating Gaius*
Gāium Appulēium *Gaius Appuleius*
velle Gāium Appulēium esse *to want Gaius Appuleius to be*
spectat Gāium Appulēium *watches Gaius Appuleius*
vult Gāium habēre *wants Gaius to have*
esse Gāium Appulēium *being Gaius Appuleius*
ad Gāium Appulēium *towards Gaius Appuleius*
quaerit Gāium Appulēium *searches for Gaius Appuleius*
putāvērunt Gāium repraesentāre *thought Gaius represented*
putant Gāium victōrem esse *they think Gaius is the winner*
nōn vellet Gāium verberāre *wouldn't want Gaius to whip*

H, I, L

habēbās *you had*
habēbās equōs *you had horses*
habēbat *had*
habēbat equum pulchrum *had a handsome horse*
habent *they have*
tunicās habent *they have tunics*
fūrem habent *they have the thief*
habēre *to have*
vult Gāium habēre *wants Gaius to have*
volō aurīgās meās habēre *I want my charioteers to have*
habet *has*
habet casam *has a farmhouse*
sēcrētum habet *has a secret*
equōs habet *has horses*
habet tunicās *has tunics*
habet Pompēiānum *has Pompeianus*
habuit *had*
equum meum habuit *had my horse*
habuit tunicam *had a tunic*
Hispānica *from Roman Spain, Spanish*
Hispānicī *Spanish*
Hispānicīs *Spanish*
equīs Hispānicīs optimīs *with the best Spanish horses*
Hispānicōs *Spanish*
equōs Hispānicōs nōn verberat *doesn't whip Spanish horses*
habet equōs Hispānicōs *has Spanish horses*
hodiē *today*
in *in, into, on, onto*
laeta *happy*
laetē *happily*
laetī *happy*
laetissima *really happy*
laetissimus *really happy*

laetum *happy*
    esse laetum *to be happy*
laetus *happy*
lōra *reins (i.e. leather straps used to steer a horse)*
    lōra tendit *draws the reins (i.e. slows down the horses)*
    lōra dat *gives the reins (i.e. speeds up the horses)*
lūdī *games, races*
  lūdō *race*
    in lūdō secundō *in the second race*
  lūdōs *games*
    spectāre lūdōs *to watch games*
  lūdum *game*
    putat esse lūdum ultimum *thinks it's the final game*
  lūdus *game, race*
Lūsitāniā *western part of Roman Spain and Portugal, now the*
                                       Extremadura region of Spain
    in Lūsitāniā *in Lusitania*

M, N

Mārs *Mars, signifying fire*
    "Mārs!" "Mars...!" *(i.e. calling upon Mars)*
  Mārtem *Mars*
    repraesentat Mārtem *represents Mars*
  Mārtī *Mars*
    dēdicat rubrum Mārtī *dedicates red to Mars*
mea *my*
  meās *my*
    volō aurīgās meās habēre *I want my charioteers to have*
  meī *my*
    equī meī *my horses*
  meīs *my*
    aurīgīs meīs *to my charioteers*
  meō *my*
    sine equō meō pulchrō *without my handsome horse*
  meum *my*
    habet equum meum *has my horse*
  meus *my*
mētam *a post at the end of the race track signaling the turn*
    spectant mētam *they watch the meta*
multī *many*
  multōs *many*
    equōs multōs parvōs habet *has many small horses*
Neptūne *Neptune, signifying water*
    "Neptūne!" "Neptune...!" *(i.e. calling upon Neptune)*

Neptūnō *Neptune*
    dēdicat caeruleum Neptūnō *dedicates blue to Neptune*
Neptūnum *Neptune*
    repraesentat Neptūnum *represents Neptune*
nōn *not, doesn't*
nunc *now*

O, P

omnēs *all*
  omnibus *all*
    colōribus quattuor omnibus *of all four colors*
    prō aurīgīs omnibus *for all charioteers*
    aurīgīs omnibus *to all charioteers*
optimam *the best*
    putant factiōnem esse optimam *think their team is the best*
  optimē *really well, the best*
  optimī *the best*
    equī optimī *best horses*
    lūdī optimī *best games*
  optimīs *best*
    equīs Hispānicīs optimīs *with the best Spanish horses*
  optimōs *best*
    habet equōs Hispānicōs *has Spanish horses*
  optimus *the best*
parva *small, young*
  parvae *small, young*
  parvam *small*
    casam parvam habet *has a small farmhouse*
  parvī *small*
  parvīs *small*
    equitat equīs parvīs *rides small horses*
    equīs parvīs *with small horses*
  parvōs *small*
    equōs multōs parvōs habet *has many small horses*
    equōs parvōs quaerit *searches for small horses*
    equōs parvōs nōn verberat *doesn't whip small horses*
  parvus *small*
placent *are pleasing, likes*
    valdē placent aurīgae *really likes charioteers*
    omnēs factiōnēs placent *likes all teams*
  placet *likes*
    placet spectāre lūdōs *likes to watch games*
    placet exclāmāre et applaudere *like to yell and clap*
    color placet *likes the color*
    nōn placet verberāre *doesn't like to whip*

Pompēiānō *Pompeianus, the favorite horse of Gaius*
    sine Pompēiānō *without Pompeianus*
Pompēiānule *little Pompeianus*
    "pulcher Pompēiānule!" *"Dear little Pompeianus!"*
Pompēiānulō *little Pompeianus*
    sine Pompēiānulō *without little Pompeianus*
Pompēiānulum *little Pompeianus*
    equum Pompēiānulum habuit *had little Pompeianus*
Pompēiānulus *little Pompeianus*
    meus Pompēiānulus *my little Pompeianus*
Pompēiānum *Pompeianus*
    habēre Pompēiānum *to have Pompeianus*
    quaerunt Pompēiānum *they search for Pompeianus*
    equum Pompēiānum spectat *gazes at Pompeianus the horse*
Pompēiānus *Pompeianus*
Prasina *Team Green, The Greens*
  Prasinā *Team Green*
    in quadrīgā Prasinā *in Team Green's chariot*
  Prasinae *Team Green, The Greens*
    factiōnī Prasinae placet *Team Green likes*
    spectātōrēs Prasinae *Team Green fans*
  Prasinam *Team Green*
    repraesentāvit Prasinam *represented Team Green*
  Prasinum *Team Green*
    spectat aurīgam Prasinum *watches Team Green charioteer*
  Prasinus *Team Green*
    aurīga Prasinus *Team Green's charioteer*
prō *on the side of, in favor of, for, in place of*
puella *girl*
  puellae *girls*
pulcher *handsome*
  pulchrō *handsome*
    sine equō meō pulchrō *without my handsome horse*
    sine Pompēiānulō pulchrō *without handsome little Pompeianus*
  pulchrum *handsome*
    habēbat equum pulchrum *had a handsome horse*
putābunt *they will think*
    putābunt Agrippīnam esse *they will think Agrippina is*
  putant *they think*
    putant factiōnem esse *they think their team is*
    putant Gāium victōrem esse *they think Gaius is the winner*
  putat *thinks*
    putat esse lūdum ultimum *thinks it's the final game*
    putat Agrippīnam esse *thinks that Agrippina is*
    putat hodiē lūdum esse *thinks that the game today is*
  putāvērunt *they thought*
    putāvērunt Gāium repraesentāre *thought Gaius represented*

Q, R

quadrīgā *four-horse chariot*
    ējectus est ē quadrīgā *thrown from the four-horse chariot*
  quadrīgam *four-horse chariot*
    quadrīgam spectat *watches the four-horse chariot*
    aurīgārī quadrīgam *to race a four-horse chariot*
  quadrīgīs *four-horse chariots*
    in quadrīgīs *in four-horse chariots*
quaerit *searches for*
    equōs quaerit *searches for the horses*
    quaerit tunicam albam *searches for a white tunic*
    quaerit Gāium Appulēium *searches for Gaius Appuleius*
  quaerite! *Search!*
    quaerite fūrem! *Search for the thief!*
    quaerite equum Gāi! *Search for Gaius' horse!*
  quaerunt *they search*
    fūrem quaerunt *they search for the thief*
    Pompēiānum quaerunt *they search for Pompeianus*
quattuor *four*
quoque *also*
rapidē *rapidly, quickly, fast, swiftly*
  rapidī *fast*
  rapidissimē *really quickly*
  rapidissimī *really fast*
  rapidissimus *really fast*
  rapidius *faster*
  rapidus *swift*
repraesentāns *representing*
    factiōnem repraesentāns *representing the team*
  repraesentant *they represent*
    repraesentant factiōnēs *they represent the teams*
    repraesentant deōs *they represent gods*
  repraesentantēs *representing*
    factiōnēs repraesentantēs *representing the teams*
  repraesentantī *representing*
    repraesentantī colōre *representing wth a color*
  repraesentāre *to represent*
  repraesentat *represents*
    repraesentat factiōnem Albātam *represents Team White*
    repraesentat Zephyrōs *represents Zephyrs*
    repraesentat Mārtem *represents Mars*
    repraesentat Gāiam *represents Gaia*
    repraesentat Neptūnum *represents Neptune*
  repraesentāvit *represented*
    repraesentāvit Prasinam *represented Team Green*
    repraesentāvit Albātam *represented Team White*

rīvālēs *rivals*
  rīvālis *rival*
    deum rīvālis factiōnis Venetae *god of the rival faction Blues*
Rōmāna *Roman*
ruber *red*
  rubrō *red*
    equī rubrō *horses in red*
  rubrum *red*
    dēdicat rubrum Mārtī *dedicates red to Mars*
    curre, rubrum! *Run, red!*
Russāta *Team Red, The Reds*
  Russātā *Team Red*
    in quadrigā Russātā *in Team Red's chariot*
  Russātae *Team Red*
    factiōnī Russātae placet *Team Red likes*
    spectātōrēs Russātae *Team Red fans*
  Russātus *Team Red*
    aurīga Russātus *Team Red's charioteer*

S

sēcrētē *secretly*
  sēcrētum *a secret*
    sēcrētum habet *has a secret*
secunda *second, next, following*
  secundam *second*
    mētam secundam spectāre *to watch the second meta*
  secundō *second*
    in lūdō secundō *in the second game*
  secundum *second*
    sēcrētum secundum habet *has a second secret*
  secundus *second, next, following*
sed *but*
sine *without*
spectāns *watching, looking at*
    spectāns mētam *watching the meta*
    aurīgam spectāns *watching the charioteer*
    tunicam viridem spectāns *looking at the green tunic*
  spectant *they watch*
    carcerem spectant *they watch the starting gates*
    spectant mētam *they watch the meta*
  spectāre *to watch*
    spectāre spectātōrēs *to watch fans*
    lūdōs spectāre *to watch the games*

spectāre aurīgam fāmōsum *to watch the famous charioteer*

spectat *watches, gazes at, looks at*
spectat factiōnēs *watches the teams*
spectat quadrīgam *watches the four-horse chariot*
spectat equōs *watches the horses*
spectat aurīgam ējectum *watches the thrown charioteer*
spectat dominum *watches the manager*
spectat Gāium Appulēium *watches Gaius Appuleius*
spectat mētam *watches the meta*
equum Pompēiānum spectat *gazes at Pompeianus the horse*
aurīgās et fūrem spectat *looks at the charioteers and thief*
spectat Agrippīnam *looks at Agrippina*

spectātor *spectator, fan*
spectātōrēs *spectators, fans*
spectāre spectātōrēs *to watch the fans*

stadiō *stadium*
in stadiō *in the stadium*
ē stadiō *out of the stadium, outside of the stadium*
stadium *stadium*
ad stadium *to the stadium*
in stadium *into the stadium*

subitō! *Suddenly!*

sum *I am*
sunt *they are, there are*
suntne? *Are they?*

T

tendit *draws, stretches, pulls*
lōra tendit *draws the reins (i.e. slows down the horses)*
tendunt *they draw*
lōra tendunt *they draw the reins*

terribile *terrible*
terribile! *How terrible!*
terribiliter *terribly*

triste *sadly, in a sad way*
tristis *sad*
tristissimē *really sadly*
tristissimī *really sad*
tristissimus *really sad*

tunica *tunic (i.e. simple, long kind of shirt)*
tunicā *tunic*
tunicā albā *with a white tunic*
tunicae *tunics*
tunicam *tunic*
tunicam habēre *to have a tunic*

quaerit tunicam albam *searches for a white tunic*
tunicam viridem spectāns *looking at the green tunic*
tunicās *tunics*
tunicās habēre *to have tunics*

U, V

ultima *last, final*
  ultimō *last*
    aurīgā Venetō ultimō *with Team Blue charioteer in last*
  ultimum *last*
    putat esse lūdum ultimum *thinks it's the final game*
  ultimus *last, final*
valdē *really, very*
vellet *would want*
    nōn vellet Gāium verberāre *wouldn't want Gaius to whip*
Veneta *Team Blue, The Blues*
  Venetā *Team Blue*
    in quadrīgā Venetā *in Team Blue's chariot*
  Venetae *Team Blue*
    factiōnī Venetae placet *Team Blue likes*
    spectātōrēs Venetae *Team Blue fans*
    deum rīvālis factiōnis Venetae *god of the rival faction Blues*
  Venetam *Team Blue*
    quadrīgam Venetam spectat *watches Team Blue's chariot*
  Venetō *Team Blue*
    aurīgā Venetō ultimō *with Team Blue charioteer in last*
  Venetus *Team Blue*
    aurīga Venetus *Team Blue's charioteer*
verberandō *whipping*
    sine equōs verberandō *without whipping the horses*
  verberant *they whip*
    equōs verberant *they whip horses*
  verberāre *to whip*
    equōs verberāre *to whip horses*
    aurīgam verberāre *to whip a charioteer*
  verberat *whips*
    equōs verberat *whips the horses*
victor *winner*
  victōre *winner*
    prō victōre *in favor of the winner*
  victōrem *winner*
    velle Gāium esse victōrem *to want Gaius to be the winner*
    putant Gāium victōrem esse *they think Gaius is the winner*
  victōrī *winner*

victōrī congrātulāns *congratulating the winner*
viridem *green*
    dēdicat viridem Gāiae *dedicates green to Gaia*
    tunicam viridem spectāns *looking at the green tunic*
 viridī *green*
    equī colōre viridī *horses in green*
    aurīga colōre viridī *charioteer in green*
 viridis *green*
vīs *you want*
    nōn vīs aurīgārī?! *You don't want to race the chariot?!*
vīsne? *Do you want?*
    vīsne esse? *Do you want to be?*
volō *I want*
    volō aurīgās meās habēre *I want my charioteers to have*
voluit *wanted*
    voluit esse *wanted to be*
volunt *they want*
    volunt Gāium Appulēium esse *want Gaius Appuleius to be*
    volunt congrātulārī Gāiō *they want to congratulate Gaius*
vult *want*
    nōn vult esse *doesn't want to be*
    vult currere *wants to run*
    vult esse *wants to be*
    vult aurīgārī *wants to race a chariot*
    vult spectāre *wants to watch*
    vult Gāium esse *wants Gaius to be*
    vult Gāium habēre *wants Gaius to have*
    verberāre nōn vult *doesn't want to whip horses*

Z

Zephyrī *Zephyrs (i.e. Four Winds), signifying air*
    "Zephyrī!" *"Zephyrs...!" (i.e. calling upon the Zephyrs)*
 Zephyrīs *Zephyrs*
    dēdicat caeruleum Zephyrīs *dedicates blue to the Zephyrs*
 Zephyrōs *Zephyrs*
    repraesentat Zephyrōs *represents Zephyrs*

Pisoverse Novellas & Resources

Magister P's Pop-Up Grammar

Pop-Up Grammar occurs when a student—not teacher—asks about a particular language feature, and the teacher offers a very brief explanation in order to continue communicating (i.e. interpreting, negotiating, and expressing meaning during reading or interacting).

Teachers can use this resource to provide such explanations, or students can keep this resource handy for reference when the teacher is unavailable. Characters and details from the Pisoverse novellas are used as examples of the most common of common Latin grammar.

Level AA
Early Beginner

Mārcus magulus
(11 cognates + 8 other words)

Marcus likes being a young Roman mage, but such a conspicuous combo presents problems in Egypt after he and his parents relocate from Rome. Despite generously offering his magical talents, this young mage feels like an obvious outsider, sometimes wishing he were invisible. Have you ever felt that way? Marcus searches Egypt for a place to be openly accepted, and even has a run-in with the famously fiendish Sphinx! Can Marcus escape unscathed?

Olianna et obiectum magicum
(12 cognates + 12 other words)

Olianna is different from the rest of her family, and finds herself excluded as a result. Have you ever felt that way? One day, a magical object appears that just might change everything for good. However, will it really be for the better? Can you spot any morals in this tale told from different perspectives?

Rūfus lutulentus
(20 words)

Was there a time when you or your younger siblings went through some kind of gross phase? Rufus is a Roman boy who likes to be muddy. He wants to be covered in mud everywhere in Rome, but quickly learns from Romans who bathe daily that it's not OK to do so in public. Can Rufus find a way to be muddy?

Rūfus et Lūcia: līberī lutulentī
(25-70 words)

Lucia, of Arianne Belzer's Lūcia: puella mala, joins Rufus in this collection of 18 additional stories. This muddy duo has fun in the second of each chapter expansion. Use to provide more exposure to words from the novella, or as a Free Voluntary Reading (FVR) option for all students, independent from Rūfus lutulentus.

Syra sōla
(29 words)

Syra likes being alone, but there are too many people everywhere in Rome! Taking her friend's advice, Syra travels to the famous coastal towns of Pompeii and Herculaneum in search of solitude. Can she find it?

Syra et animālia
(35-85 words)

In this collection of 20 additional stories, Syra encounters animals around Rome. Use to provide more exposure to words from the novella, or as a Free Voluntary Reading (FVR) option for all students, independent from Syra sōla.

Quintus et īnsula horrifica
(15 cognates, 20 other words)

Before Quintus and his parents had money and moved into their house, the family lived in a small Roman apartment. Times were simpler back then, but no less spooky! In this tale, Quintus is 100% scared of the dark, but wants to appear brave in front of his parents. To make things worse, Quintus receives paranormal visitors night after night...or does he?

Poenica purpurāria
(16 cognates, 19 other words)

Poenica is an immigrant from Tyre, the Phoenician city known for its purple. She's an extraordinary purple-dyer who wants to become a tightrope walker! In this tale, her shop is visited by different Romans looking to get togas purpled, as well as an honored Vestal in need of a new trim on her sacred veil. Some requests are realistic—others ridiculous. Is life all work and no play? Can Poenica find the time to tightrope walk?

Olianna et sandalia extraōrdināria
(20 cognates, 20 other words)

Olianna learns more about herself and her family in this psychological thriller continuation of "Olianna et obiectum magicum." We begin at a critical moment in the original, yet in this new tale, not only does the magical object appear to Olianna, but so do a pair of extraordinary sandals! Olianna has some choices to make. How will her decisions affect the timeline? Will things ever get back to normal? If so, is that for the better, or worse?

Pīsō senex et sempermūtābilisyllabī
(18 cognates, 26 other words)

Piso has grown old. For years, people have been telling Piso how to write his own poetry. They've wanted it to sound like the legendary poet, Vergilimartivenallus, widely considered the GOAT, but Piso doesn't take suggestions from people who don't write any poetry of their own. Besides, that would change Piso's verses into something they aren't—someone else's. He's got plenty of advocates, anyway. But the mob persists today, and keeps trying to get Piso to change how he writes. Mysteriously, the more Piso tries to write in his own voice, the more things start to get a bit...Strange.

Quīntus et āleae īnfortūnātae
(18 cognates, 34 other words)
Quintus is a gamester who really likes playing dice. The problem? He's terribly unlucky and never wins! In this tale, Quintus gets himself into a dicey situation, betting all sorts of valuables he can't afford to lose. Will he come out on top, or lose it all in the end?

Pīsō perturbātus
(36 words)
Piso minds his Ps and Qs..(and Cs...and Ns and Os) in this alliterative tongue-twisting tale touching upon the Roman concepts of ōtium and negōtium. Before Piso becomes a little poet, early signs of an old curmudgeon can be seen.

Drūsilla in Subūrā
(38 words)
Drusilla is a Roman girl who loves to eat, but doesn't know how precious her favorite foods are. In this tale featuring all kinds of Romans living within, and beyond their means, will Drusilla discover how fortunate she is?

Rūfus et arma ātra
(40 words)
Rufus is a Roman boy who excitedly awaits an upcoming fight featuring the best gladiator, Crixaflamma. After a victorious gladiatorial combat in the Flavian Amphitheater (i.e. Colosseum), Crixaflamma's weapons suddenly go missing! Can Rufus help find the missing weapons?

Rūfus et gladiātōrēs
(49-104 words)

This collection of 28 stories adds details to characters and events from *Rūfus et arma ātra*, as well as additional, new cultural information about Rome, and gladiators. Use to provide more exposure to words from the novella, or as a Free Voluntary Reading (FVR) option for all students, independent from *Rūfus et arma ātra*.

Level A
Beginner

Mārcus et scytala Caesaris
(20 cognates + 30 other words)

Marcus has lost something valuable containing a secret message that once belonged to Julius Caesar. Even worse, it was passed down to Marcus' father for safekeeping, and he doesn't know it's missing! As Marcus and his friend Soeris search Alexandria for clues of its whereabouts, hieroglyphs keep appearing magically. Yet, are they to help, or hinder? Can Marcus decipher the hieroglyphs with Soeris' help, and find Caesar's secret message?

Quīntus et nox horrifica
(26 cognates, 26 other words)

Monsters and ghosts...could they be real?! Is YOUR house haunted? Have YOU ever seen a ghost? Quintus is home alone when things start to go bump in the night in this scary novella. It works well with any Roman House unit, and would be a quick read for anyone interested in Pliny's ghost story.

Agrippīna aurīga

Agrippīna aurīga
(24 cognates + 33 other words)

Young Agrippina wants to race chariots, but a small girl from Lusitania couldn't possibly do that...could she?! After a victorious race in the stadium of Emerita, the local crowd favorite charioteer, Gaius Appuleius Dicloes, runs into trouble, and it's up to Agrippina to step into much bigger shoes. Can she take on the reins in this equine escapade?

diāria sīderum
(60-100 words, half cognates (i.e., 30-50))

Not much was known about The Architects—guardians of the stars—until their diaries were found in dark caves sometime in the Tenth Age. Explore their mysterious observations from the Seventh Age (after the Necessary Conflict), a time just before all evidence of their existence vanished for millenia! What happened to The Architects? Can you reconstruct the events that led to the disappearance of this ancient culture?

trēs amīcī
et mōnstrum saevum

trēs amīcī et mōnstrum saevum
(28 cognates + 59 other words)

What became of the quest that Quintus' mother entrusted to Sextus and Syra in Drūsilla et convīvium magārum? Quintus finds himself alone in a dark wood (or so he thinks). Divine intervention is needed to keep Quintus safe, but can the gods overcome an ancient evil spurred on by Juno's wrath? How can Quintus' friends help?

sitne amor?
(36 cognates, 53 other words)

Piso and Syra are friends, but is it more than that? Sextus and his non-binary friend, Valens, help Piso understand his new feelings, how to express them, and how NOT to express them! This is a story of desire, and discovery. Could it be love?

ecce, poēmata discipulīs
(77 cognates + 121 other words)

"Wait, we have to read...Eutropius...who's that?! Homework on a Friday?! Class for an hour straight without a break?! Oh no, more tests in Math?! What, no glossary?! Why can't we just read?! Honestly, I was in bed (but the teacher doesn't know!)..." This collection of 33 poems is a humorous yet honest reflection of school, Latin class, homework, tests, Romans, teaching, and remote learning.

Magister P's Poetry Practice

Ain't got rhythm? This book can help. You'll be presented with a rhythm and two words, phrases, or patterns, one of which matches. There are three levels, Noob, Confident, and Boss, with a total of 328 practice. This book draws its words, phrases, and patterns entirely from "ecce, poemata discipulis!," the book of poetry with over 270 lines of dactylic hexameter. Perhaps a first of its kind, too, this book can be used by students and their teacher at the same time. Therefore, consider this book a resource for going on a rhythmic journey together.

Agrippīna: māter fortis
(65 words)

Agrippīna is the mother of Rūfus and Pīsō. She wears dresses and prepares dinner like other Roman mothers, but she has a secret—she is strong, likes wearing armor, and can fight just like her husband! Can she keep this secret from her family and friends?

Līvia: māter ēloquens
(44-86 words)

Livia is the mother of Drusilla and Sextus. She wears dresses and prepares dinner like other Roman mothers, but she has a secret—she is well-spoken, likes wearing togas, and practices public speaking just like her brother, Gaius! Can she keep this secret from her family and friends? Livia: mater eloquens includes 3 versions under one cover. The first level, (Alpha), is simpler than Agrippina: mater fortis; the second level, (Beta) is the same level, and the third, (Gamma-Delta) is more complex.

Pīsō et Syra et pōtiōnēs mysticae
(163 cognates, 7 other words)

Piso can't seem to write any poetry. He's distracted, and can't sleep. What's going on?! Is he sick?! Is it anxiety?! On Syra's advice, Piso seeks mystical remedies that have very—different—effects. Can he persevere?

Drūsilla et convīvium magārum
(58 words)

Drusilla lives next to Piso. Like many Romans, she likes to eat, especially peacocks! As the Roman army returns, she awaits a big dinner party celebrating the return of her father, Julius. One day, however, she sees a suspicious figure give something to her brother. Who was it? Is her brother in danger? Is she in danger?

Level B
Advanced Beginner

mȳthos malus: convīvium Terregis
(41 cognates + 56 other words)

An obvious nod to Petronius' Cena Trimalchionis, yes, but this is not an adaptation, by any means. In this tale, Terrex can't get anything right during his latest dinner party. He's confused about Catullus' carmina, and says silly things left and right as his guests do all they can to be polite, though patience is running low. With guests even fact-checking amongst themselves, can Terrex say something remotely close to being true? Will the guests mind their manners and escape without offending their host?

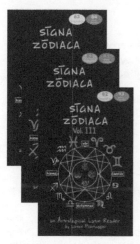

sīgna zōdiaca Vol. 1
(63 cognates, 84 other words)
sīgna zōdiaca Vol. 2
(63 cognates, 92 other words)
sīgna zōdiaca Vol. 3
(62 cognates, 93 other words)

Do you like stories about gods and monsters? Did you know that the zodiac signs are based on Greek and Roman mythology? Your zodiac sign can tell you a lot about yourself, but not everyone feels that strong connection. Are your qualities different from your sign? Are they the same? Read signa zodiaca to find out! These readers are part non-fiction, and part Classical adaptation, providing information about the zodiac signs as well as two tiered versions of associated myths.

Level C
Low Intermediate

fragmenta Pīsōnis
(96 words)

This collection of poetry is inspired by scenes and characters from the Pisoverse, and features 50 new lines of poetry in dactylic hexameter, hendecasyllables, and scazon (i.e. limping iambics)! fragmenta Pīsōnis can be used as a transition to the Piso Ille Poetulus novella, or as additional reading for students comfortable with poetry having read the novella already.

Pīsō Ille Poētulus
(108 words)

Piso is a Roman boy who wants to be a great poet like Virgil. His family, however, wants him to be a soldier like his father. Can Piso convince his family that poetry is a worthwhile profession? Features 22 original, new lines of dactylic hexameter.

Pīsō: Tiered Versions (68-138 words)

This novella combines features of Livia: mater eloquens with the tiered versions of the Piso Ille Poetulus story taken from its Teacher's Guide and Student Workbook. There are 4 different levels under one cover, which readers choose, switching between them at any time. Piso: Tiered Versions could be used as scaffolding for reading the original novella, Piso Ille Poetulus. Alternatively, it could be read independently as a Free Voluntary Reading (FVR) option, leaving it up to the learner which level to read.

Tiberius et Gallisēna ultima (155 words)

Tiberius is on the run. Fleeing from an attacking Germanic tribe, the soldier finds himself separated from the Roman army. Trying to escape Gaul, he gets help from an unexpected source—a magical druid priestess (a "Gaul" in his language, "Celt" in hers). With her help, can Tiberius survive the punishing landscape of Gaul with the Germanic tribe in pursuit, and make his way home to see Rufus, Piso, and Agrippina once again?

...and more!
See magisterp.com for the latest:

*teacher's materials
other books
audio*

Made in the USA
Las Vegas, NV
27 September 2024